Kränze binden

1

2

3

Grundmaterial

- *1 Strohrömer, Ø 20 cm*
- *Weißtannenzweige*
- *Wickeldraht, blaugeglüht, Ø 0,65 mm*
- *Rosenschere*

1. Einige Zweige zu einem kleinen Büschel zusammenfassen und dieses mit dem Wickeldraht an der Außenseite des Strohrömers anbringen.

2. Die weiteren Zweige ebenfalls büschelweise jeweils etwas nach innen und nach außen versetzt am Kranz befestigen, bis alles Grün verarbeitet ist. Dabei darauf achten, dass die Büschel dicht und dachziegelartig gesetzt werden, damit der fertige Kranz schön voll aussieht.

3. Zum Abschluss die Büschel, die den Anfang des Kranzes bilden, etwas anheben, die letzten Büschel darunter legen und sie mit Wickeldraht fest umwickeln. Das Ende des Drahtes gut im Strohrömer verwahren, damit sich niemand verletzt, wenn er den Kranz in die Hand nimmt.

Tipp: *Wenn Sie den Kranz etwas abwechslungsreicher gestalten möchten, dann können Sie auch andere Grünzweige wie Buchs, Thuja oder Eibe verwenden.*

Liebe Leserin,
lieber Leser!

Einen Adventskranz für die Wochen vor dem Weihnachtsfest zu haben, das gehört seit geraumer Zeit für viele Menschen zur Tradition. Trotz der Vielzahl an Kränzen, die heute schon im Handel angeboten wird, ist aber oft für den persönlichen Geschmack nicht das Richtige dabei.
Um Ihnen Anregungen zu bieten, möchte ich Ihnen in diesem Buch einige meiner Adventskranz-Ideen vorstellen, die sicher zum Teil auch etwas außergewöhnlich sind. Die Varianten reichen vom klassischen Kranz aus Tannenzweigen über Kränze und Gestecke aus verschiedenen Grünzweigen bis hin zu einem Kranz aus Rosen oder einem orientalisch anmutenden Kranz. Und ob Sie eher etwas Fröhlich-Buntes wie den Buchskranz mit Zuckerstangen oder den Kranz mit Herzen und Sternen bevorzugen oder ob in Ihr Wohnzimmer eher etwas Unifarbenes wie der Olivenkranz passt – die vorgestellten Bastelideen bieten für (fast) jeden Geschmack etwas. Vielleicht ist ja der eine oder andere sogar Ihr ganz persönlicher Favorit!

Ich wünsche Ihnen beim Nacharbeiten viel Freude und eine schöne Adventszeit,
Ihre

Karin Susanne Schlag

Inhaltsverzeichnis

Kerzen andrahten

Grundmaterial

- *Kerzen*
- *Kerzenstieldraht, Ø ca. 1,4 mm*
- *Flachzange*

1. Ein Stück Draht mit der Zange kurz fassen; das Drahtende sollte höchstens 1 cm vorne herausstehen. Nun den Draht vorsichtig in die Kerze einführen und noch ein- bis zweimal nachschieben. Je nach Stärke der Kerze ein bis vier Drähte verwenden, damit sie später im Kranz gut festsitzt.

2. Jetzt die Kerzenstieldrähte gerade durch Tannengrün und Strohrömer hindurchstecken.

3. Das Drahtende muss, wie auf dem Foto 3 zu sehen ist, unten aus dem Römer herauskommen, damit man die Kerze gut verankern kann. Die Drahtenden mit der Zange zu einer Schlaufe umbiegen und in den Kranz bzw. in den Römer zurückstecken.

Tipp: *Sind die Kerzen kalt, dann wärmen Sie den Draht über einer Flamme leicht an, damit er sich besser in das Wachs schieben lässt.*

Klassischer Adventskranz

1. Von den Tannenästen mit der Rosenschere gleich lange Zweige abschneiden. Aus dem Strohrömer und den Zweigen einen Kranz anfertigen, wie im Lehrgang auf Seite 4 beschrieben.

2. Die Kerzen entsprechend dem Lehrgang auf Seite 5 mit Draht versehen und auf dem Kranz befestigen.

3. Das Band mit der Bandschere in vier jeweils 50 cm lange Streifen schneiden. Vier Stück Blumenstieldraht mit der Zange jeweils in die Hälfte schneiden.

4. Jetzt aus den Bandstreifen je eine hübsche Schleife binden. Dazu jedes Band in mehrere Schlaufen legen und diese dann jeweils in der Mitte mit einem Ende eines Drahtstücks umwickeln.

5. Die Schleifen jeweils zwischen den Kerzen auf dem Kranz platzieren. Dazu den Draht fest in den Kranz stecken.

6. Die Tannenzapfen andrahten. Dazu etwas Blumenstieldraht unten zwischen den Lamellen durchführen und ein bisschen festziehen. Die Zapfen gleichmäßig verteilt in den Kranz stecken.

7. Nun noch die Äpfel und die weihnachtlichen Stecker dekorativ auf dem Kranz verteilen.

8. Zum Schluss die Schleifenenden mit der Bandschere nach Belieben spitz einschneiden, wie auf dem Foto zu sehen.

Tipp: *Sie können statt der Stumpenkerzen auch Spitzkerzen verwenden, dann bekommt der Kranz eine Anmutung von mehr Leichtigkeit.*

Material

- *1 Strohrömer, Ø 20 cm*
- *6–8 Äste Weißtanne*
- *4 Kerzen in Rot, Ø 5-6 cm*
- *15 kleine Tannenzapfen*
- *12 Deko-Äpfel am Draht, Ø ca. 2,5 cm*
- *Sternstecker oder Stecker nach Belieben*
- *1 Wickeldraht, blaugeglüht, Ø 0,65 mm*
- *8 Stck. Kerzenstieldraht, Ø ca. 1,4 mm*
- *ca. 14 Stck. Blumenstieldraht für Band und Zapfen, Ø 0,8 mm*
- *Taftband in Rot, ca. 4 cm breit, ca. 2 m lang*
- *Flachzange*
- *Rosenschere, Bandschere*

Vorweihnachtliches Lichtermeer

1. Den Korb zuerst mit der Folie auskleiden. Dafür in die Mitte der Folie ein Loch schneiden, damit das Mittelteil des Pflanzkranzes durchgesteckt werden kann. Die Folie soll bis zum Rand des Korbes reichen, aber von außen nicht zu sehen sein.

2. Die Steckmasse mit dem Messer so zurechtschneiden, dass sie in den Korb passt, und sie hineinsetzen. Den Korb dann etwas mit Wasser auffüllen.

3. Alle Kerzen gleichmäßig verteilt in die Steckmasse stecken. Bei diesem Kranz werden pro Adventssonntag drei Kerzen angezündet.

4. Den Buchs mit der Rosenschere in ungefähr 12 cm lange Stücke schneiden und den Korb damit füllig ausstecken. Dabei die Zweige seitlich ein bisschen über den Rand hinausragen lassen.

5. Das Band mit der Bandschere in vier gleich lange Stücke schneiden. Aus jedem Bandstück eine Schleife anfertigen.

6. Dazu jedes Band in mehrere Schlaufen legen und sie in der Mitte mit etwas Blumenstieldraht umwickeln. Die Bandenden mit der Bandschere jeweils vom Rand her zu zwei Spitzen schneiden, wie auf dem Foto zu sehen.

7. Die Kugeln ebenfalls andrahten und immer eine zwischen zwei Schleifen in den Buchs stecken. Die Sterne andrahten und innerhalb der Kerzen in den Zweigen verteilen.

Tipp: *Gießen Sie vorsichtig einmal pro Woche ein bisschen Wasser nach, so bleibt das Gesteck länger frisch.*

Material

- *1 Pflanzkranz, Ø ca. 40 cm*
- *4 Steckziegel für Frischblumen*
- *Buchs*
- *12 Spitzkerzen in Rot*
- *6 Kugeln in Rot, Ø 6 cm*
- *4–5 Holzsterne, Ø 6 cm*
- *17 Stck. Blumenstieldraht*
- *rot-weißes Band, ca. 5 cm breit, 4 m lang*
- *transparente Plastikfolie für den Korb, ca. 70 x 70 cm*
- *Flachzange*
- *kleines Küchenmesser*
- *Rosenschere, Bandschere*

Nordische Weihnacht

1. Die Buchszweige mit der Rosenschere auf gleiche Länge kürzen. Dann aus den Zweigen und dem Strohrömer entsprechend dem Lehrgang auf Seite 4 einen Kranz binden.

2. Die Kerzen nach dem Lehrgang auf Seite 5 andrahten - dafür hier nur einen Draht nehmen - und gleichmäßig auf dem Kranz verteilen.

3. Das Band mit der Bandschere in vier gleich lange Teile schneiden und die einzelnen Stücke zu Schleifen legen.

4. Jede Schleife in der Mitte mit etwas Blumenstieldraht umwickeln und sie zwischen den Kerzen auf dem Kranz befestigen. Dann die Enden mit der Bandschere so einschneiden, dass links und rechts eine Spitze stehen bleibt.

5. Die Tannenzapfen mit Blumenstieldraht andrahten; dazu den Draht unten zwischen den Lamellen durchführen und ein bisschen festziehen. Dann die Zapfen nett verteilt auf dem Kranz befestigen. Dazu den Draht durch den Kranz durchstecken, damit sie auch halten. Zum Schluss die Fliegenpilze sowohl in kleinen Gruppen als auch einzeln dekorativ auf dem Kranz verteilen.

Tipp: *Die Tannenzapfen müssen Sie nicht kaufen, sondern können Sie bei einem Herbstspaziergang im Wald selbst sammeln.*

Material

- *1 Strohrömer, Ø ca. 20 cm*
- *Buchs*
- *4 Spitzkerzen in Weiß*
- *8–10 kleine Tannenzapfen*
- *ca. 18-20 kleine Fliegenpilze am Draht*
- *1 Wickeldraht, blaugeglüht, Ø 0,65 mm*
- *2 Stck. Kerzenstieldraht*
- *8 Stck. Blumenstieldraht für Band, Ø 0,8 mm*
- *rot-weiß kariertes Band, ca. 2 cm breit, 2,5 m lang*
- *Flachzange*
- *Rosenschere, Bandschere*

Süße Vorweihnachtszeit

1. Die Buchszweige mit der Rosenschere auf etwa gleiche Länge zurechtschneiden, sie dann um den Strohrömer binden, wie im Lehrgang auf Seite 4 beschrieben.

2. Die Lichterkette locker um den Kranz wickeln. Nun das Schlingenband mit der Bandschere in zwei Teile zerschneiden. Einen Teil des Bandes an einer Stelle um den Kranz legen und verknoten, das andere Ende genau gegenüber befestigen.

3. Den Rest des Schlingenbandes auf beiden Seiten des Kranzes genau zwischen den angeknoteten Bandenden festmachen. Dabei darauf achten, dass die Mitten der beiden Bandteile genau übereinander liegen.

4. Das breite Karo-Band in vier gleich lange Teile schneiden und damit jeweils um die Schlingenbandknoten eine Schleife binden. Den so verzierten Kranz aufhängen.

5. Jetzt alle Zuckerstangen, Zuckerkringel und Figuren mit dem schmalen Karo-Band so an die Zweige anknoten, dass sie in unterschiedlicher Höhe vom Kranz herunterhängen.

6. Die Herzen ebenfalls mit dem schmalen Band teils am Kranz befestigen, teils so am Kreuzungspunkt der Schlingenbänder anknoten, dass sie verschieden hoch über dem Kranz hängen.

7. Die Sternenkette zum Schluss dekorativ auf den Kranz legen.

Tipp: *Hängen Sie den Kranz an einer Stelle auf, an der eine Steckdose für die Lichterkette in der Nähe ist.*

Material

- *1 Strohrömer, Ø 28 cm*
- *Buchs (ohne dicke Äste)*
- *1 Lichterkette in Grün mit ca. 30 Glühbirnen*
- *8-10 Zuckerstangen o. Ä.*
- *18-20 Zuckerkringel*
- *8-10 kleine kindliche Figuren, z. B. aus dem Erzgebirge*
- *8-10 Glasherzen in Rot*
- *1 Sternenkette in Rot*
- *1 Wickeldraht, blaugeglüht, Ø 0,65 mm*
- *Schlingenband in Rot, ca. 3 m lang*
- *rot-weiß kariertes Band, 2 cm breit, ca. 2 m lang*
- *rot-weiß kariertes Band, 5 mm breit, 10 m lang*
- *Rosenschere, Bandschere*

Sinfonie in Rosa

1. Den Halbring für etwa 30 Minuten ins Wasser legen, bis sich die Steckmasse richtig vollgesaugt hat.

2. Den Ring aus dem Wasser nehmen, abtropfen lassen und ihn auf das Tablett oder die Tortenplatte stellen für den Fall, dass beim Stecken Wasser austritt. Jetzt zuerst die Kerzen im Quadrat gleichmäßig in die Steckmasse stecken.

3. Die Rosen mit dem Messer kurz schneiden, dabei schräg anschneiden, damit sie länger halten.

4. Die Rosen dann von außen nach innen in Reihen rundherum in den Ring setzen, dazu ganz unten beginnen.

5. Das Organzaband mit der Schere in vier gleich lange Teile schneiden. Um jede Kerze ein Stück Band knoten und es dekorativ nach außen fließen lassen.

6. Zum Schluss jede der vier großen Rosen als hellen Blickfang in die zweite Blütenreihe zwischen die Kerzen setzen. Das Engelhaar vorsichtig auseinander ziehen und locker über die Rosen verteilen.

7. Den Kranz jeden Tag wässern, dabei jedoch kein Wasser über die Rosen gießen.

Tipp: *Bestellen Sie die Rosen im Blumengeschäft vor, damit Sie alle Blumen in etwa derselben Größe und derselben Farbe, die etwas außergewöhnlich ist, bekommen.*

Material

- *1 Halbring für Frischblumen, Ø ca. 20 cm*
- *4 Spitzkerzen in Rosa*
- *ca. 40 Rosen in Dunkelrosa*
- *4 Rosen in Rosa, extra groß*
- *Organzaband in Weiß, 4 cm breit, 2 m lang*
- *Engelhaar in Silber*
- *1 Tablett oder 1 Tortenplatte, Ø ca. 30 cm*
- *scharfes Messer*
- *Schere*

Es muss nicht immer ein Kranz sein!

1. Die Steckziegel für ca. 30 Minuten ins Wasser legen, damit sie sich richtig vollsaugen können.

2. Die Ziegel aus dem Wasser nehmen, gut abtropfen lassen und mit dem Messer auf die Größe der Zinkeimer zurechtschneiden. Hineinsetzen und andrücken.

3. Den Buchs mit der Rosenschere in 8–10 cm lange Teile schneiden. Jeweils eine Kerze in die Mitte jedes Zinkeimers stecken, dann jeden Eimer gleichmäßig mit Buchszweigen ausstecken. Die Zweige dabei relativ dicht setzen.

4. Das Organzaband mit der Bandschere in vier gleich lange Teile schneiden. Die einzelnen Bandstücke zu Schlaufen legen und sie in der Mitte jeweils mit einem Stück Blumenstieldraht umwickeln.

5. Die fertigen Schleifen mit dem Draht so in die vier Eimer stecken, dass sie eine Reihe bilden.

6. Nun jeweils eine Rose neben eine Kerze stecken. Zum Schluss die Rosenkugeln am Buchs zwischen Rose und Kerze anklipsen.

Tipp: *Dieses längliche Arrangement macht sich auch sehr hübsch auf einer Anrichte. Wenn Sie Rosen in Dunkelrosa verwenden, lässt es sich als Raumschmuck gut mit dem Kranz „Sinfonie in Rosa" von Seite 14 kombinieren.*

Material

- *2 Steckziegel für Frischblumen*
- *1 Zinktablett und 4 Zinkeimer (als Set komplett im Bastelgeschäft erhältlich)*
- *ca. 16 Büschel fülliger Buchs*
- *4 Kerzen in Rosa*
- *4 Rosenkugeln in Rosa mit Klips, Ø 6 cm*
- *4 Rosen-Seidenblumen oder frische Rosen in Rosa*
- *Organzaband in Rosa mit Kante, 1 cm breit, 2 m lang*
- *4 Stck. Blumenstieldraht, Ø 0,8 mm*
- *Rosenschere, Bandschere*
- *Flachzange*
- *Messer*

Orientalische Farbenpracht

1. Den Eisenring im ausgewählten Raum in geeigneter Höhe aufhängen. Dabei darauf achten, dass er waagerecht hängt. Sowohl die Kordeln als auch die Organzabänder mit der Bandschere in 60 und 80 cm lange Stücke schneiden. Diese einzelnen Teile um den Eisenring herum jeweils mit einem Ende anknoten, sodass sie lang herunterhängen.

2. Die Kugeln, die Sterne und die Herzen teils an den Bändern, teils an den Kordeln unterschiedlich hoch anbringen. Die Herzen von der Aufhängung des Eisenringes herunterhängen lassen.

3. Die Windlichter mit Wickeldraht umwickeln. Dazu zuerst das Ende des Drahtes mit der Zange zu einer kleinen Schlaufe biegen, zweimal verdrehen und sie am Windlicht festhalten. Dann den Draht halb um das Windlicht herumführen, ihn wieder zu einer kleinen Schlaufe biegen und zwei Mal verdrehen. Nun den Draht weiter herumführen und mit der ersten Schlaufe zweimal verdrehen. Den Draht mit der Zange abschneiden.

4. Jetzt ein 40 cm langes Drahtstück an der einen Schlaufe festmachen und das andere Ende an der anderen Schlaufe befestigen, sodass ein Henkel entsteht. Mit dieser Aufhängung die Lichter am Eisenkranz befestigen. Unbedingt darauf achten, dass keine Bänder in die brennenden Windlichter gelangen können.

Tipp: *Überlegen Sie genau, wohin Sie den Kranz hängen möchten, bevor Sie den Eisenring befestigen. Die lang herabhängenden Bänder sollten ja nicht stören. Sehr dekorativ macht sich dieser Kranz als Blickfang in einem überdachten Eingangsbereich.*

Material

- *1 Flacheisenring mit Aufhängung, Ø 40 cm, 3 cm hoch*
- *4 Windlichter in Rot, Ø 7 cm, 8 cm hoch*
- *14 Kugeln in Pink, Orange und Rot, Ø 6 cm*
- *12 Sterne in Pink, Orange und Rot, Ø 6,5 cm*
- *2 Herzen in Rot*
- *1 Wickeldraht, blaugeglüht, Ø 0,65 mm*
- *Kordel in Rot und Orange, Ø ca. 4 mm, insgesamt ca. 8 m*
- *verschiedene Organzabänder in orientalischen Farben, 4–5 cm breit, insgesamt ca. 12 m*
- *Flachzange*
- *Bandschere*

Von draußen, vom Walde ...

1. Die Steckziegel für etwa 30 Minuten ins Wasser legen, damit sie sich richtig vollsaugen können.

2. In der Zwischenzeit die Waldrebenkränze von unten über den Topf schieben und mit Wickeldraht satt umwickeln. Dann den Topf mit Folie auslegen.

3. Die Steckziegel aus dem Wasser nehmen, gut abtropfen lassen und mit dem Messer für den Topf zurechtschneiden. Die Kerzen so in die Ziegel stecken, dass sie unterschiedlich lang herausragen, also gewissermaßen Stufen bilden.

4. Den Buchs und die Koniferen mit der Rosenschere in 12 bis 15 cm lange Stücke schneiden und den Topf damit schön füllig ausstecken. Die Kugeln mit Blumenstieldraht versehen und sie gleichmäßig verteilt ebenfalls in den Topf stecken.

5. Den Korkenzieherhaselzweig hinter den Kerzen in den Topf stecken. Einige Glasvögel an dem Zweig befestigen, den Rest am Buchs anbringen.

6. Von dem Satinband mit der Bandschere 4 m abschneiden und sie doppelt um den Topfrand schlingen. Die Ende verknoten.

7. Das restliche Band in etwa 25 cm lange Stücke schneiden. Daraus kleine Schleifen fertigen; dazu die einzelnen Stücke jeweils in mehrere Schlaufen legen und sie in der Mitte mit Draht umwickeln. Diese Schleifen dekorativ im Topf verteilen.

8. Zum Schluss die Deko-Kette hübsch zwischen den Buchszweigen und den Kugeln arrangieren.

Material

- *3 Steckziegel für Frischblumen*
- *1 Terrakotta-Topf, Ø 30 cm, 38 cm hoch*
- *4–5 Waldrebenkränze, Ø 30 cm*
- *4 Büschel Buchs*
- *4 Äste Koniferen*
- *1 Zweig der Korkenzieherhasel, ca. 70 cm*
- *4 Stabkerzen in Weiß, Ø 3 cm, 40 cm lang (z. B. Taufkerzen)*
- *10 Kugeln in Champagner und in Gold, Ø 6 cm*
- *8-10 Stck. Blumenstieldraht, Ø 0,8 mm*
- *6-8 Glasvögel in Champagner und in Gold mit Klipsen*
- *1 Wickeldraht, blaugeglüht, Ø 0,65 mm*
- *Satinband in Creme, ca. 3,5 cm breit, 4 m lang*
- *1 Deko-Kristallkette aus Kunststoff, ca. 3 m*
- *durchsichtige Plastikfolie, 80 x 80 cm*
- *Rosenschere, Bandschere*
- *Flachzange*
- *Messer*

Südliches Flair

1. Die Olivengrünzweige mit der Rosenschere auf gleiche Länge zurechtschneiden. Dann aus dem Strohrömer und dem Grün den Kranz arbeiten, wie im Lehrgang auf Seite 4 beschrieben.

2. Die Kerzen, wie im Lehrgang auf Seite 5 erläutert, mit jeweils drei Drähten andrahten und auf dem Kranz befestigen.

3. Die Kugeln mit Blumenstieldraht versehen und sie gleichmäßig verteilt in den Kranz stecken.

4. Die Dekoschnur an beiden Enden mit Blumenstieldraht andrahten. Das eine Ende in den Kranz stecken, die Schnur locker um den Kranz schlingen und das Ende am Draht wieder in den Kranz stecken.

5. Vom Organzaband mit der Bandschere etwa 80 cm abschneiden und dieses Stück in vier gleiche Teile zerschneiden. Mit jeweils einem Bandstück um jede Kerzen eine dekorative Schleife binden.

6. Das restliche Band in jeweils etwa 18 cm lange Stücke schneiden. Den Halbierungspunkt jedes Bandes mit etwas Blumenstieldraht umwickeln und die Bänder zwischen die Kugeln stecken.

Tipp: *Wenn Sie die Organzabandstreifen so mit Draht umwickeln, dass Sie ungleich lange Enden bekommen, erhält der Kranz mehr Lebendigkeit.*

Material

- *1 Strohrömer, Ø 30 cm*
- *ca. 5 Bund Olivengrün (im Blumengeschäft vorbestellen)*
- *4 Kerzen in Creme, Ø 4–5 cm, ca. 30-35 cm lang*
- *15-18 Kugeln in Champagner, Ø ca. 6 cm*
- *15-18 Stck. Blumenstieldraht, Ø 0,8 mm*
- *12 Stck. Kerzenstieldraht*
- *Organzaband in Creme mit Goldrand, 5 m*
- *Glitzerdekoschnur, ca. 1,20 m*
- *Rosenschere, Bandschere*
- *Flachzange*

Farbenfroher Advent

1. Aus dem Strohrömer und den grünen Zweigen den Kranz arbeiten, wie im Lehrgang auf Seite 4 beschrieben. Dabei das Grün büschelweise mischen.

2. Die Kerzen, wie im Lehrgang auf Seite 5 beschrieben, andrahten und auf dem Kranz befestigen.

3. Jeweils die beiden gelben und die beiden roten Filzplatten mit Vliesofix zusammenbügeln.

4. Aus jeweils einer halben Filzplatte nun rote und gelbe Sterne ausschneiden. Dafür am besten einen Lebkuchenstern als Vorlage nehmen.

5. Den Stern dazu auf eine der beiden Filzplatten legen, die Konturen mit dem Filzstift nachfahren und das Motiv mit der Schere innerhalb der Malkante ausschneiden. Die übrigen Filzsterne genauso arbeiten.

6. Für die Filzherzen aus dem Karton eine Herzvorlage in der Größe passend zu den Sternen fertigen. Dann in gleicher Weise wie die Sterne aus den restlichen Filzplatten Herzen ausschneiden.

7. Die Filzsterne an einer Zacke mit der Sticknadel durchstechen, ebenso die Herzen oben durchstechen. Je einen Stern und ein Herz mit Perlgarn verbinden. Dazu jeweils ca. 80 cm lange Stücke vom Garn abschneiden und je ein Ende an ein Herz und an einen Stern knoten. Die Lebkuchen ebenfalls mit Perlgarn verbinden.

8. Den Kranz an dem gelben Band gerade aufhängen. Jetzt alle Herzen und Sterne in unterschiedlicher Höhe über den Kranz hängen.

9. Aus dem roten Band schöne Schleifen fertigen und sie da befestigen, wo das gelbe Band am Kranz festgeknotet ist.

Material

- *1 Strohrömer, Ø ca. 30 cm*
- *Verschiedenes Grün (z. B. Buchs, Tanne, Koniferen)*
- *4 Stumpenkerzen in Weiß, Ø ca. 6–8 cm, ca. 12 cm hoch*
- *12 Lebkuchensterne, ca. 3,5 cm*
- *je 2 Filzplatten in Gelb und in Rot, 20 x 30 cm*
- *Vliesofix, 40 x 30 cm*
- *1 Wickeldraht, blaugeglüht, Ø 0,65 mm*
- *ca. 8 Stck. Kerzenstieldraht*
- *Band in Gelb mit Drahtkante, ca. 5 cm breit, 3,6 m lang*
- *Band in Rot, 5 cm breit, 2,40 m lang*
- *Perlgarn in Rot, ca. 80 cm*
- *dünnerer Karton, ca. 10 x 10 cm*
- *dünner Filzstift in Schwarz*
- *spitze Sticknadel*
- *Bügeleisen*
- *Rosenschere, Bandschere, Flachzange*

Ein bisschen rustikal

1. Den Kranz nach der Anleitung auf Seite 4 aus dem Strohrömer und den verschiedenen Grünzweigen arbeiten.

2. Die Kerzen andrahten und am Kranz befestigen, wie im Lehrgang auf Seite 5 beschrieben.

3. Den Karo-Stoff in vier 15 cm breite Streifen schneiden. Aus einem Streifen ein Band anfertigen. Dazu den Streifen der Länge nach rechts auf rechts zusammenklappen. Mit der Nähmaschine eine Schmalseite und die offene Längsseite absteppen. Die Bandinnenseite nach außen kehren, die andere Schmalseite etwa 1 cm nach innen schlagen und absteppen.

4. Die restlichen Streifen ebenso zu Bändern verarbeiten. Dann aus jedem Band eine Schleife fertigen. Dazu die Bänder in mehrere Schlaufen legen und sie in der Mitte mit etwas Blumenstieldraht fixieren. Die Schleifen zwischen den Kerzen am Kranz befestigen. Die Enden schön über den Kranz laufen lassen.

5. Die Zapfen andrahten. Dazu etwas Blumenstieldraht unten zwischen den Lamellen durchführen und ein bisschen festziehen. Die Zapfen rundherum im Kranz befestigen.

6. Die Äpfel auf die Schaschlikspieße stecken und verteilt in den Kranz stecken. Zum Schluss die Hagebuttenzweige dekorativ zwischen die Äpfel und die Zapfen stecken.

Tipp: *Wenn Sie die Schleifen mit etwas Bandstärke besprühen und sie bügeln, bekommen sie mehr Stand.*

Material

- *1 Strohrömer, Ø 40 cm*
- *verschiedenes Grün (z. B. Buchs, Tanne, Koniferen)*
- *Hagebuttenzweige*
- *4 Kerzen in Rot, Ø ca. 6 cm, ca. 18 cm hoch*
- *15-20 Tannenzapfen*
- *18-20 frische Äpfel*
- *20 Schaschlikspieße*
- *1 Wickeldraht, blaugeglüht, Ø 0,65 mm*
- *8 Stck. Kerzenstieldraht*
- *20 Stck. Blumenstieldraht, Ø 0,8 mm*
- *Karo-Stoff, ca. 60 cm breit, 1,5 m lang*
- *Rosenschere, Flachzange, Bandschere*
- *Nähmaschine*

Besinnlichkeit auf Orientalisch

1. Die verschiedenen Grünzweige mit der Rosenschere auf gleiche Länge kürzen. Dann aus dem Strohrömer und dem Grün den Kranz nach der Anleitung auf Seite 4 binden.

2. Die Kerzen ebenfalls nach der Anleitung auf Seite 5 mit Draht versehen und auf dem Kranz anbringen.

3. Die Glassterne andrahten und sie dekorativ zwischen den Kerzen platzieren. Die Äpfel jeweils auf einen Schaschlikspieß stecken und verteilt rundherum in den Kranz stecken.

4. Von den Perlenschnüren immer je zwei rote und zwei orangefarbene um eine Kerze legen und zu größeren Schleifen binden. Zum Schluss in die Mitte des Kranzes die orientalischen Kugeln legen.

Tipp: *Falls Sie keine frischen, gezuckerten Äpfel bekommen, können Sie natürlich auch künstliche aus dem Bastelgeschäft verwenden.*

Material

- *1 Strohrömer, Ø ca. 22 cm*
- *verschiedenes Grün (z. B. Buchs, 3 Äste Tanne, 3 Äste Koniferen)*
- *4 Kerzen in Orange, Ø ca. 8 cm, ca. 15 cm hoch*
- *ca. 15 Glassterne in Rot und in Orange*
- *4 Äpfel, mit Wachs und Zucker überzogen (Blumengeschäft)*
- *ca. 12 orientalische Kugeln (im Fachhandel erhältlich), Ø 6 cm*
- *1 Wickeldraht, blaugeglüht, Ø 0,65 mm*
- *8 Stck. Kerzenstieldraht*
- *8 Stck. Blumenstieldraht, Ø 0,8 mm*
- *4 Schaschlikspieße*
- *je 8 Stck. (= 1 Bund) Perlenschnüre in Rot und in Orange, ca. 60-80 cm lang*
- *Rosenschere, Bandschere, Flachzange*

Hüttenzauber

1. Aus einem Teil der Weidenäste einen Grundring von etwa 45 cm Durchmesser arbeiten und ihn mit Wickeldraht umbinden. Die restlichen Äste locker um den Ring schlingen, bis ein schöner, dicker und gleichmäßiger Kranz entstanden ist.

2. Beide Kordeln sowie die Zackenlitze locker oben über den Kranz schlingen. Die Enden locker verknoten.

3. Alle Bänder mit der Bandschere in etwa 80 cm lange Stücke schneiden und sie in wechselnden Farben um den Kranz legen. Jeweils die beiden – gleich langen – Bandenden miteinander verknoten und sie locker nach außen fließen lassen.

4. Jetzt die Hagebuttenzweige so in den Kranz einflechten, dass die Früchte auf dem Kranz zu liegen kommen.

5. Die Kerzen auf dem Untersatz platzieren und in die Mitte des Kranzes stellen. Dieser Kranz lässt sich einfach und schnell nacharbeiten.

Tipp: *Damit die Kerzen sicheren Stand haben, erwärmen Sie jede an der Unterseite mit einem Feuerzeug oder einem Zündholz so lange, bis einige Tropfen Wachs auf den Teller gefallen sind. Drücken Sie die Kerze dann einige Sekunden in das Wachs, bis es fest geworden ist und der Kerze Halt gibt.*

Material

- *Äste von Korkenzieherweide, jeweils ca. 2 m lang*
- *1 Wickeldraht, blaugeglüht, Ø 0,65 mm*
- *Kordel in Rot, ca. 6 mm dick, 4 m lang*
- *Kordel in Orange, ca. 2 mm dick*
- *Zackenlitze in Gold, 3 mm stark, 3 m lang*
- *Organzaband in Rot, 4 cm breit, 3,5 m lang*
- *6-8 Hagebuttenzweige*
- *Band mit Kante in Rot und in Orange, ca. 4 cm breit, je 4 m lang*
- *4 dänische Kerzen in Rot- und Orangetönen*
- *Rosenschere, Bandschere*
- *Telleruntersatz für die Kerzen*

Impressum

Entwürfe und Realisation: Karin Susanne Schlag
Lektorat: Dr. Gabriele Schweickhardt, Frankfurt/M.
Fotos: Fotostudio U2, Uwe Bick
Styling: Karin Susanne Schlag
Umschlaggestaltung: Christiane Kölble
Entwurf und Illustration „Klipp-Klapper":
Stefan Hagen
Layout und Produktion: buchkonzept@web.de
Druck und Verarbeitung: J. P. Himmer, Augsburg

ISBN 3-89858-381-3

Autorin und Verlag haben alle Angaben und Anleitungen mit größtmöglicher Sorgfalt zusammengestellt. Dennoch kann bei Fehlern keinerlei Haftung für direkte oder indirekte Folgen übernommen werden.

Herstellerverzeichnis

Windlichter:
von Sia über Natureck
Hauptstr. 7
D-97947 Grünsfeld

Kerzen:
IHR
Postfach 1226
D-49632 Essen

Dänische Kerzen:
Maria BUYTAERT
D-76351 Linkenheim-Hochstetten

Lebkuchen:
IKEA
Am Wandersmann 2-4
D-65719 Hofheim-Wallau

Stoff für Band:
Westfalenstoffe (im Fachhandel erhältlich)

Glassterne, Herzen, Perlenschnüre:
drescher
Heidenfelderstr. 1
D-97525 Schwebheim

Rosenkugeln mit Klips:
Inge's christmas decor
Dieselstr. 7
D-96458 Neustadt

Hobby- und Bastelbedarf:
Rayher Hobby, KnorrPrandell,
über Hobby- und Bastelfachhandel

Versender:
Opitec-Handel GmbH